NOTICE

SUR

M. L'ABBÉ LAMBERT

CHANOINE HONORAIRE

CURÉ DE NOTRE-DAME-DE-RECOUVRANCE

PAR

M. l'Abbé Edmond SÉJOURNÉ

VICAIRE GÉNÉRAL

ORLÉANS

G. SÉJOURNÉ, LIBRAIRE-ÉDITEUR

41, RUE DES CARMES, 41

1891

M. L'ABBÉ LAMBERT

CHANOINE HONORAIRE
CURÉ DE NOTRE-DAME-DE-RECOUVRANCE

ORLÉANS. — IMPRIMERIE PAUL GIRARDOT

NOTICE

sur

M. L'ABBÉ LAMBERT

CHANOINE HONORAIRE

CURÉ DE NOTRE-DAME-DE-RECOUVRANCE

PAR

M. l'Abbé Edmond SEJOURNÉ

VICAIRE GÉNÉRAL

ORLÉANS
G. SEJOURNÉ, LIBRAIRE ÉDITEUR
41, RUE DES CARMES, 41

1891

M. L'ABBÉ LAMBERT

CHANOINE HONORAIRE

CURÉ DE NOTRE-DAME-DE-RECOUVRANCE

« Notre bon Curé est mort ; notre saint Curé n'est plus » ; telles étaient les paroles qui s'échappaient des lèvres des paroissiens de Notre-Dame-de-Recouvrance, au moment où ils apprenaient la mort de M. Lambert.

Ces paroles étaient l'expression de la vérité et traduisaient la pensée de tous ceux qui ont connu ce prêtre vénérable, dont la vie entière a été consacrée au service de Dieu et au salut des âmes.

Né à Jargeau, le 7 novembre 1819, M. Louis-Augustin-Edouard LAMBERT fut baptisé dès le lendemain de sa naissance, par M. l'abbé Girard, Vicaire de la paroisse, celui que nous avons connu et vénéré plus tard comme Curé de Saint-Paterne (1).

Il appartenait à une famille patriarcale, qui, sous les dehors d'une simplicité antique, possédait des trésors de vertu et de religion, que ses ancêtres lui avaient transmis et qu'elle se faisait un devoir de transmettre à son tour à ses enfants comme un précieux héritage. Aussi M. Lambert fut-il élevé dans les sentiments les plus chrétiens, et se distingua-t-il dès son bas-âge par une tendre piété.

Son plus grand bonheur était d'assister aux offices de l'Église et de prendre part à ses cérémonies. Elles exerçaient sur lui un charme inexprimable qui l'attirait avec une telle douceur et une telle force, que pour elles il quit-

(1) M. Adolphe-Simon-Joseph Girard, né à la Chapelle-Saint-Mesmin, le 10 juillet 1794, fut ordonné prêtre le 19 décembre 1818. A cette époque il professait déjà la rhétorique au Petit-Séminaire d'Orléans. Nommé vicaire de Jargeau et desservant de Férolles, le 15 octobre 1819, il remplit ces deux postes jusqu'au 24 septembre 1823. Appelé ensuite à la cure d'Auxy, il y resta à peine trois ans, car le 27 juillet 1826, il prenait possession de la cure de Châtillon-sur-Loire, qu'il dirigea pendant trente ans. Sur les instances de Mgr Dupanloup, il échangea cette dernière cure contre celle de Saint-Paterne d'Orléans, le 10 mai 1856. Ce fut dans cette paroisse qu'il acheva sa carrière sacerdotale le 27 août 1864.

tait volontiers tous les jeux et tous les amusements. Jamais il ne trouvait trop long le temps passé à l'église. Dans les derniers temps de sa vie, il nous parlait encore avec délices de ces joies de son enfance, et le jour où il recevait sa nomination au canonicat, malgré sa tristesse de quitter Notre-Dame-de-Recouvrance, il nous disait en souriant : « Je finirai ma vie plus heureusement encore que je ne l'ai commencée ; chaque jour il me sera donné d'assister aux grands offices ! Quelle consolation ! »

A cet amour de l'Église et de ses cérémonies, il en joignait un autre, celui du catéchisme.

Il était avide d'apprendre. Son âme pure et candide s'ouvrait tout naturellement aux vérités de la religion ; elle les saisissait avec une prodigieuse facilité que ne se lassait pas d'admirer le prêtre qui lui faisait le catéchisme.

Ce prêtre était M. Sejourné, qui depuis 1824 jusqu'à la fin de 1830 exerça les fonctions de vicaire de Jargeau, et mourut, en 1880, Curé-Doyen de Bellegarde (1). Il apprécia bientôt le

(1) Une notice nécrologique a été publiée en 1880, sur M. Sejourné. Elle a pour titre : M. Sejourné, chanoine honoraire, Curé-Doyen de Bellegarde, 1800-1880. — Orléans, Imprimerie Ernest Colas.

trésor que Dieu lui confiait dans la personne d'un enfant si attentif à ses leçons. Il cultiva son âme avec un soin particulier, persuadé que Dieu avait des desseins sur lui et le marquait pour le sacerdoce. M. Lambert conserva toujours à ce prêtre un souvenir de respect et d'affection, et deux jours avant sa mort, il nous montrait lui-même, appendu dans son alcôve, auprès de ses pieuses images, le portrait du prêtre vénéré qui lui avait fait le catéchisme, fut son premier confesseur et le dirigea vers le Séminaire en lui enseignant les éléments de la langue latine.

Ce jugement que portait sur M. Lambert enfant, le Directeur de son catéchisme, était aussi celui de l'excellent curé de Jargeau, M. Levassor (1), homme remarquable à tous

(1) M. Jean LEVASSOR, né à Orléans, le 2 août 1750, sur la paroisse de Saint-Marceau, fit ses premières classes chez les Frères des Ecoles chrétiennes, et ses études au Collége d'Orléans, dirigé alors par des Ecclésiastiques. Après avoir parcouru avec un grand succès son cours de théologie et pris ses grades, il fut nommé par Mgr de Jarente de la Bruyère, professeur au Petit-Séminaire de Meung. Un peu plus tard il accepta la place de précepteur dans la famille Lefort. Ordonné prêtre, il occupa successivement les vicariats de Neung, Cravant, Romorantin, Pithiviers, Olivet et Saint-Pierre d'Orléans. Mais pendant les cinq années qu'il passa comme vicaire de Romorantin,

égards, qui, au dire de ses paroissiens, avait un grand amour de Dieu et de l'Église, et dont la passion était de rechercher et favoriser les vocations ecclésiastiques. Grâce à lui, Jargeau était devenu une véritable pépinière du Séminaire. En apprenant ce que pensait son vicaire du jeune Lambert, il lui disait : « Ce sera encore un prêtre pour le diocèse d'Orléans ; cultivons cette précieuse semence. »

La famille Lambert, de son côté, remerciait Dieu de l'honneur qu'il lui accordait en choisissant un des siens pour le sacerdoce. Elle aida de tout son pouvoir le travail de ses prêtres, afin que rien ne put entraver une vocation qui s'annonçait sous de si heureux auspices.

il sut tellement se concilier l'estime de la paroisse que M. Veignot, qui en était curé, ne voulut pas au moment de quitter le ministère, résigner sa cure en d'autres mains que les siennes. Pour ne pas trahir son Dieu et sa foi, M. Levassor, prit en 1791, le chemin de l'exil et se retira à Fribourg en Suisse. Après la révolution, Mgr Bernier lui confia, en 1803, la cure de Saint-Aignan-sur-Cher, et le 23 février 1805, il lui donnait celle de Jargeau, qu'il conserva jusqu'au 15 octobre 1830. Accablé de vieillesse et d'infirmités il offrit sa démission en 1830, et finit pieusement sa vie à Jargeau, le 16 janvier 1833. Nous avons trouvé dernièrement et lu avec une grande édification l'éloge funèbre de ce saint prêtre, prononcé à Jargeau, par M. Séjourné, son ancien vicaire.

Au mois d'octobre 1831, l'enfant fut présenté à M. Roma, Supérieur du Petit-Séminaire, et agréé aussitôt (1).

Sa douceur, son ingénuité, sa piété lui gagnèrent bientôt tous les cœurs. Maîtres et élèves l'aimaient avec une égale affection, et tous se réjouissaient des succès qui vinrent bientôt couronner ses efforts et le placèrent constamment dans les premiers rangs de sa classe.

Les six années du Petit-Séminaire s'écoulèrent heureuses et rapides pour lui. Là, il s'était senti dans son élément. Rien ne lui avait coûté. Habitué dans sa famille à l'obéissance la plus ponctuelle, il s'était soumis sans peine au règlement du Séminaire. Ardent au travail, prompt à saisir les explications, toujours il avait donné des devoirs d'une netteté et d'une correction étonnantes. Sa piété trouvait son aliment sous l'intelligente direction de ses

(1) Au moment où M. Lambert entrait au Petit-Séminaire, le corps professoral était ainsi organisé.

MM. ROMA, *Supérieur ;* DUPRÉ et POIRÉE, *Préfets des Études ;* MAUGAS, *Économe ;* MAUBERT, *Professeur de Rhétorique ;* POUZOT, *Professeur de Seconde ;* BARBIER, *Professeur de Troisième ;* ROBIN, *Professeur de Quatrième ;* TABOURET, *Professeur de Cinquième ;* POUPARD, *Professeur de Sixième.*

professeurs qui tenaient à cœur de former leurs élèves à la science et à la vertu, et de les initier peu à peu à la vie du Grand-Séminaire.

M. Lambert n'avait pas encore dix-huit ans accomplis, lorsqu'il fut admis au Grand-Séminaire, le 18 octobre 1837. Lui-même nous a redit les joies qu'il avait goûtées dans cette maison bénie, joies si vives que leur souvenir l'impressionnait même dans sa vieillesse, car il avait plus de soixante-dix ans, lorsqu'il nous assurait qu'il ne pouvait pas encore franchir le seuil du Grand-Séminaire, sans ressentir une véritable émotion (1).

Lui-même nous a également redit le respect, l'affection dont il ne cessa d'entourer ses maîtres vénérés dans la société desquels il aimait à vivre par la pensée. Il nous semble encore entendre ses exclamations, lorsque dans une réunion où l'on était venu à causer de nos maîtres d'autrefois,

---

(1) De même que nous avons donné les noms des maîtres du Petit-Séminaire au moment où M. Lambert y entrait ; de même nous nous faisons un devoir de rappeler ici les noms des maîtres vénérés de M. Lambert, au Grand-Séminaire.

Ces maîtres étaient : MM. BENECH, *Supérieur ;* ROY, *Directeur ;* JOHANET et CHAPT, *Professeurs de Théologie ;* THORE, *Professeur de Philosophie ;* PISTRE, *Économe.*

un assistant se permit de dire que tout en étant rempli de respect pour eux, il en était un, au caractère duquel il n'avait pu s'habituer. « Mais il n'y a que vous, mon ami, s'écria aussitôt M. Lambert, pour penser ainsi. Interrogez tous ces Messieurs, et vous n'en trouverez aucun qui ait conservé ce souvenir de ce maître si bon, si vénéré, si vertueux ».

M. Lambert était un des meilleurs élèves du Grand-Séminaire, et du jour où il y entra, ses maîtres jugèrent sa vocation comme assurée. Dieu voulut cependant l'assurer davantage en la soumettant à l'épreuve.

Il allait achever son cours de philosophie, lorsqu'on l'appela à la tonsure. Cet appel, après lequel il soupirait de toute l'ardeur de son âme, lui inspira tout à coup une terreur profonde. Envisageant la sublimité du sacerdoce, il crut que jamais il ne pourrait arriver aux vertus qu'il réclamait, et se demanda comment il avait eu la témérité de songer à un état aussi saint. En vain, son Directeur toujours aimé et toujours obéi, lui représenta qu'il ne s'engageait pas de lui-même, mais que Dieu l'appelait par la voix de ses maîtres. Cette parole fut impuissante à calmer ses terreurs. Le trouble était toujours dans son cœur. L'ordination se fit, mais il n'y prit point part.

Cependant, malgré ses hésitations, il ne pouvait se décider à quitter le Séminaire ; il sentait une force invincible qui l'y retenait. Il pria et pria beaucoup ; il invoqua la Sainte Vierge. Peu à peu, le calme se fit dans son âme ; il se prit à espérer et ce fut avec une véritable joie que le 22 décembre 1838, il s'inclinait sous la main de Mgr de Beauregard et disait en recevant la tonsure : *Dominus pars hæreditatis meæ et calicis mei, tu es, qui restitues hæreditatem meam mihi* (1). C'en était fait ; il était à Dieu pour toujours. Désormais, il n'eut plus d'hésitation, et volontiers il répétait avec le saint roi David : *Paratus sum et non sum turbatus, ut custodiam mandata tua* (2). De fait, il franchit successivement et sans crainte, les divers degrés qui devaient le rapprocher du sacerdoce. La grâce des saints ordres se faisait visiblement sentir, et chaque jour il était facile de constater que le jeune lévite avançait à grands pas dans la voie de la sainteté.

Au moment où il terminait son cours de théologie, Mgr Morlot, Évêque d'Orléans, qui

---

(1) Le Seigneur est la part de mon héritage et de mon calice. C'est vous, ô mon Dieu, qui me rendrez cet héritage. *Psaume* xv, 5.

(2) Je n'ai aucun trouble et je suis prêt, ô mon Dieu, à observer toutes vos volontés. *Psaume*, cxviii, 60.

avait succédé à Mgr de Beauregard, depuis le 18 août 1839, lui proposa de remplir les fonctions de maître de latin à la Maîtrise de la Cathédrale, jusqu'à ce qu'il eut atteint l'âge canonique pour être élevé au sacerdoce. Ce désir de son Évêque fut un ordre pour lui. Il s'inclina aussitôt devant sa volonté, heureux de consacrer les prémices de son ministère à préparer de jeunes enfants pour le sanctuaire.

Cinquante années se sont écoulées depuis cette nomination. Or, nous rencontrions naguères quelques-uns de ceux qui furent ses élèves pendant les dix-huit mois qu'il passa à la Maîtrise, et nous les entendions avec bonheur parler du dévouement que leur témoigna M. Lambert; de ses exhortations pour faire naître dans leurs jeunes âmes l'amour de Dieu et la fidélité au devoir; de son ardeur pour leur apprendre les principes de la langue latine et les disposer à devenir de bons séminaristes.

Mais ce ministère n'était que transitoire, et, si M. Lambert y apporta, comme dans toutes les autres fonctions qu'il eut plus tard à remplir, le désir de répondre à la volonté de Dieu, il sentait cependant que Dieu l'attirait plus particulièrement vers le ministère paroissial.

C'était là l'idéal qu'il avait entrevu ; c'était l'idéal qu'il poursuivait de tout son cœur, et le moment approchait où il allait se réaliser.

Mgr Morlot venait d'être nommé Archevêque de Tours, et n'avait pu faire l'ordination de Noël 1842. Il avait seulement, le 15 janvier 1843, ordonné quelques prêtres dans la chapelle du Séminaire de Saint-Sulpice, à Paris, afin de pourvoir aux pressants besoins de diverses paroisses du diocèse.

Aussi un des premiers soins de Mgr Fayet, en arrivant à Orléans, fut de procéder à une ordination générale.

M. Lambert, malgré son désir de se consacrer au salut des âmes, ne s'attendait pas à faire partie de cette ordination, parce qu'il n'avait point encore vingt-quatre ans accomplis. Mais depuis longtemps, MM. les Directeurs du Séminaire le jugeaient mûr pour le sacerdoce. Sur leur demande, Mgr Fayet lui accordait le bénéfice de la dispense d'âge, et l'ordonnait prêtre la veille de la Passion, samedi 1er avril 1843.

Par une coïncidence providentielle, le lendemain, dimanche de la Passion, M. Lambert célébrait la sainte Messe dans cette chère église de Recouvrance, qui devait être son église paroissiale pendant les vingt-six dernières années de sa vie. M. Merlin (1), curé de la paroisse, avait voulu recevoir les premières bénédictions du jeune prêtre qu'il avait connu séminariste au moment où il succéda à M. Levassor, dans la cure de Jargeau.

Quelques semaines plus tard, le 23 mai 1843, Mgr Fayet délivrait à M. Lambert ses Lettres de Vicaire de Briare. La vie pastorale si ardemment désirée allait commencer pour lui.

Briare n'était pas alors la cité industrielle que nous connaissons aujourd'hui. Sa physionomie était toute différente et sa population se composait en grande partie de mariniers qui réclamaient de ses prêtres un dévouement de chaque jour et de chaque instant. Le vénérable curé, M. Cahouet (2), que sa santé obli-

---

(1) M. François-Cantien MERLIN, né le 10 novembre 1780, ordonné prêtre le 10 mars 1812, commença son ministère par le vicariat de Châteauneuf. Le 6 décembre 1815, il était nommé curé de Boiscommun et le 10 novembre 1816, vicaire de Saint-Paterne. Il reçut sa nomination pour Jargeau, le 16 octobre 1830, et quatre ans après, le 30 octobre 1834, il était appelé à la Cure de Notre-Dame-de-Recouvrance, qu'il conserva jusqu'au 10 avril 1857. A cette époque il obtint sa retraite, et se retira sur la paroisse Sainte-Croix, où il mourut le 25 mars 1866.

(2) M. Pierre-François CAHOUET, né le 3 décembre 1790; ordonné prêtre le 20 mai 1815, fut nommé vicaire de

geait à de grands ménagements, avait besoin d'être particulièrement secondé. Il trouva dans M. Lambert l'auxiliaire le plus actif et le plus délicat, qui ne reculait devant aucune difficulté et était toujours prêt à voler là où le devoir l'appelait. Bientôt le jeune vicaire fit bénir son nom, apprécier les qualités de son esprit et les vertus de son cœur. Le pauvre l'aimait à cause de sa charité ; l'homme du peuple admirait sa douce condescendance et son aimable familiarité, et les principaux paroissiens discernaient facilement sous les voiles dont les entourait sa modestie, une tendre piété unie à une science réelle. Aussi quand après un séjour de deux ans à Briare, Mgr Fayet voulut lui confier la paroisse de Villereau, ce fut un deuil pour Briare. Chacun se demandait qui pourrait le remplacer ? Son successeur dans le vicariat nous a lui-même raconté, qu'après avoir entendu le récit des merveilles accom-

---

Gien le 1ᵉʳ juin suivant. Deux ans plus tard, le 1ᵉʳ novembre 1817, on ajouta à ses fonctions de vicaire celles de desservant de Saint-Martin-sur-Ocre. Puis le 9 septembre 1823, Mgr de Beauregard, l'appela à la cure de Briare, qu'il dirigea pendant trente-sept ans. Pour récompenser ce long ministère, Mgr Dupanloup lui donna un canonicat à la Cathédrale, le 2 juin 1860. M. Cahouet est décédé le 7 février 1865.

plies par M. Lambert dont l'éloge était sur toutes les lèvres, il avait craint de n'être pas à la hauteur de sa mission et de ne pouvoir marcher sur les traces de son prédécesseur.

Si les paroissiens de Briare regrettaient leur vicaire, le vicaire ne regrettait pas moins son cher Briare qu'il aima toujours et auquel il conserva un véritable culte.« Je viens de revoir mon Briare, nous disait-il, il y a trois ans, au retour d'une petite excursion. Avec quelle joie j'ai visité son ancienne Église, son vieux presbytère, et comme je m'estime heureux de les avoir revus une dernière fois, puisque, dans les magnificences de la nouvelle Église et du nouveau presbytère, rien ne me rappellera plus le Briare de ma jeunesse sacerdotale. »

A Villereau le ministère fut différent de celui de Briare. Presque toute la population agricole de cette paroisse avait encore conservé ses mœurs antiques et ses habitudes chrétiennes. Dans le prêtre elle voyait le représentant de Dieu. Aussi aimait-elle son Curé et se rendait-elle volontiers à ses avis.

M. Lambert ne négligea rien pour conserver ces excellentes dispositions et les rendre plus parfaites encore en donnant tous ses soins à l'instruction chrétienne de la paroisse. C'est ce que nous lisons dans une lettre de l'un de ses confrères qui s'exprime ainsi : « A Villereau M. Lambert a laissé la réputation d'un prêtre pieux, zélé, instruit et dévoué. Toutes ses instructions étaient soigneusement préparées et écrites. Il se servait de toutes les comparaisons que fournit la science naturelle et l'esprit d'observation pour se mettre à la portée de ses auditeurs, afin de les élever graduellement des choses naturelles aux réalités de l'ordre surnaturel. »

En parlant ainsi, il atteignit son but. Son cours d'instruction fut très goûté, et les assistants, plus nombreux de dimanche en dimanche, montrèrent par leur assiduité quel intérêt ils trouvaient dans les prédications de leur Curé.

Mais Mgr Fayet, qui avait entrevu, au jour de l'ordination, un sujet d'espérance dans la personne de M. Lambert, ne le perdait pas de vue. En voyant sa santé déjà chancelante, décliner encore davantage dans les fatigues considérables du vicariat de Briare, il l'avait appelé à Villereau pour lui faire prendre du repos, le fortifier par l'air pur de la Beauce, et le préparer aux labeurs du vicariat de Sainte-Croix auquel il le destinait malgré son jeune âge. Il lui semblait qu'un prêtre tel que

M. Lambert pouvait produire un bien réel parmi les paroissiens de la Cathédrale. La suite des événements prouva la justesse des appréciations épiscopales, et quatorze ans d'un ministère toujours édifiant et toujours fructueux attestèrent combien ce choix fut heureux.

En arrivant à la Cathédrale, M. Lambert eut le bonheur d'y rencontrer dans la personne de son Curé, un prêtre vénérable qui, suivant l'expression de Mgr Dupanloup, offrit constamment au clergé du diocèse, le modèle d'une vie sacerdotale. C'était M. Huet, de douce et sainte mémoire, auquel M. Lambert tint à honneur de consacrer une notice biographique, dans laquelle il laissa échapper de son cœur, les sentiments de reconnaissance et de piété filiale dont il était pénétré envers celui qui fut, pendant de longues années, son guide et son modèle (1).

Pour confrères dans le vicariat, il avait des prêtres comptant déjà de nombreuses années

---

(1) Cette notice biographique parut d'abord dans les *Annales religieuses* d'Orléans, le 19 juin 1875 et numéros suivants. Elle fut ensuite publiée en brochure sous ce titre : M. HUET, vicaire-général, chanoine, archiprêtre de la Cathédrale d'Orléans, par un ancien vicaire de Sainte-Croix, 1875. — Orléans, Imprimerie Ernest Colas.

de ministère et jouissant d'une véritable réputation de talent et de vertu. Nous nous contenterons de citer parmi ceux qui ne sont plus, M. Bourgon, mort doyen de Châtillon-sur-Loing ; M. Mellier qui devint curé de Pithiviers et entra plus tard chez les Lazaristes.

En arrivant dans leur société, M. Lambert n'était pas sans inquiétude, sa modestie s'effrayait d'un tel honneur. Il se demandait comment il pourrait aller de pair avec ses confrères, et se concilier le respect, l'estime, la confiance dont ils jouissaient, dans un âge aussi jeune que le sien, car il atteignait à peine ses vingt-sept ans au moment de sa nomination. Mais plaçant toute son espérance en Dieu, il se mit résolument à l'œuvre.

Bientôt ses prédications attirèrent l'attention sur lui. Sa parole claire, limpide, pleine d'onction et visant toujours au but, était goûtée et appréciée.

Il obtint ensuite des succès étonnants dans les catéchismes. Dieu lui avait accordé le don de se faire comprendre par les enfants et un talent particulier pour faire pénétrer la vérité dans leurs jeunes intelligences. Mais comme il correspondait au don de Dieu ! Quel travail il s'imposait, afin de donner à ses catéchismes le mouvement, l'intérêt et la vie! Explication, instruction, homélie, tout était écrit et toujours préparé au pied du crucifix.

Un prêtre qu'il eut pour auxiliaire, dans l'Œuvre des catéchismes (1), nous écrivait ces lignes : « Toutes les séances de catéchisme qui duraient près de deux heures, offraient le plus vif intérêt. Les enfants, ainsi que je l'ai constaté, voyaient avec une peine réelle une suppression de catéchisme. »

Ce même prêtre ajoutait : « J'ai tiré de sa méthode et de ses avis, la plus grande utilité pour la direction des catéchismes dont je fus plus tard chargé, et pour mon cours de prédication ».

Par ses succès au catéchisme, M. Lambert gagna la confiance des enfants qui vinrent en grand nombre se ranger sous sa direction. Les parents touchés de l'ascendant qu'il exerçait sur leurs enfants, le supplièrent à leur tour de les guider dans la voie du salut. Peu à peu, les pénitents et les pénitentes affluèrent en si grand nombre, qu'il sentit que la direction des âmes était l'œuvre principale à laquelle Dieu le

---

(1) M. l'abbé Grandjean, du diocèse d'Orléans, maintenant prêtre de Saint-Sulpice et Directeur au Grand-Séminaire de Dijon.

destinait. Il s'y donna tout entier et l'on put répéter de lui ce qu'il écrivait lui-même de M. Huet, en parlant de son attachement au confessionnal :

« Il a donné un grand exemple d'assiduité constante au saint Tribunal de la Pénitence, de zèle et de dévouement pour ce ministère plein de fatigue, mais si fructueux, où en définitive se fait principalement le bien ».

Si l'on recherche maintenant les causes de ce succès, on les trouvera surtout dans la piété de M. Lambert. C'était le prêtre pieux par excellence. Au Petit comme au Grand-Séminaire, il avait eu la réputation d'un séminariste très pieux. Dans le ministère, il conserva cette réputation qui alla toujours grandissant. Nous avons été heureux, de trouver cette réputation confirmée par notre grand évêque Mgr Dupanloup, dans ses notes intimes. Après avoir tracé de M. Lambert ce portrait :

« Esprit ecclésiastique ; — talent au-dessus de l'ordinaire ; — jugement droit ; — caractère doux et modeste », il ajoute ces mots si significatifs : « Pieux, très bon prêtre ».

Mais cette piété, M. Lambert avait soin de l'entretenir en continuant, avec une scrupuleuse fidélité, dans la vie sacerdotale, les exercices spirituels du séminaire. Nous tenons ce détail d'une confidence qu'il fit à un de ses amis dont nous reproduisons textuellement le récit : « Il me disait un jour, dans l'intimité : Jusqu'à trente-cinq ans, je suis resté fidèle à l'oraison et aux exercices spirituels, appuyé sur l'autorité, sur l'enseignement tant de fois réitéré au séminaire. A trente-cinq ans, ce fut pour moi comme une révélation. Je vis clairement que là est le point d'appui de la vie sacerdotale, la raison de la persévérance, de la force et de la fécondité du prêtre. Depuis lors, je n'eus plus besoin de motifs pour y persévérer ».

En entrant dans ces détails, nous avons anticipé sur les événements qui se passèrent dans notre diocèse et firent époque dans la vie de M. Lambert.

Mgr Fayet qui l'avait nommé vicaire de la cathédrale et qui avait applaudi avec bonheur à ses premiers succès, ne devait pas rester longtemps parmi nous. Élu représentant à l'Assemblée constituante après la Révolution de 1848, il mourait le 4 avril 1849. M. Lambert regretta vivement son Évêque qu'il aimait et vénérait et auquel il conserva toujours le plus filial souvenir.

A Mgr Fayet succéda Mgr Dupanloup, dont M. Lambert ne tarda pas à devenir l'admirateur, ainsi que l'attestent les notes précieuses qu'il rédigea sur les premières années de son épiscopat, et dans lesquelles M. Lagrange, l'historien de Mgr Dupanloup, fut si heureux de puiser des renseignements pour la vie de notre illustre Évêque (1).

Non seulement M. Lambert fut l'admirateur de Mgr Dupanloup, mais il fut un des prêtres qui correspondirent le plus à ses désirs et entrèrent le plus généreusement dans ses vues.

Avec son esprit de pénétration, il saisit facilement le bien que se proposait Mgr Dupanloup pour la gloire de Dieu et le salut des âmes. Aussi, se laissant entraîner par l'impulsion que le grand Évêque s'efforçait de communiquer à son clergé pour exciter son zèle et raviver son ardeur, il adopta ses plans de catéchisme, sa méthode de prédication, ses industries pastorales. Plus tard, quand Mgr Dupanloup, animé du désir de relever dans son clergé l'étude de la science sacrée, obtint de la bienveillance de N. T. S. P. le Pape

---

(1) A la page 14 du 2ᵉ volume de la *Vie de Mgr Dupanloup*, M. Lagrange, maintenant Évêque de Chartres, parlant de M. Lambert s'exprime ainsi : « Nous devons à ce prêtre intelligent et pieux, des notes précieuses sur les premières années de l'épiscopat de Mgr Dupanloup. »

Pie IX la faculté de conférer les grades canoniques et fit appel au zèle de ses prêtres (1); malgré les nombreuses occupations d'un ministère qui ne lui laissait presque ni trêve, ni repos; malgré son titre de chanoine honoraire, dont il était revêtu depuis le 21 juin 1853, M. Lambert n'hésita pas à se présenter aux examens, et dans la séance du 28 novembre 1856, il était proclamé bachelier en théologie. L'honneur n'ajoutait guère à son mérite ; mais pour lui il était heureux d'avoir répondu au désir de son Évêque et donné l'exemple à ses confrères dans le sacerdoce.

Le vicariat de Sainte-Croix s'était renouvelé plusieurs fois depuis que M. Lambert y était entré, et Mgr Dupanloup l'avait toujours maintenu dans ce ministère à cause du bien considérable qu'il y opérait, mais le moment arrivait où il devait lui confier un poste plus élevé.

Un vénérable vieillard, M. Bérard(2), dirigeait depuis près de trente ans la paroisse de Meung.

(1) Voir dans les Mandements de Mgr Dupanloup : Instruction et règlements relatifs aux études Ecclésiastiques, 9 avril 1855.

(2) M. Louis-Frédéric-Benoit BÉRARD, né le 9 octobre 1793, à Orléans, sur la paroisse de Saint-Marceau, ordonné prêtre le 20 décembre 1817, était nommé vicaire

Durant ce long exercice, il avait usé ses forces et se sentait défaillir. Aussi demanda-t-il un successeur. Pour le remplacer, Mgr Dupanloup jeta les yeux sur M. Lambert, et le 21 mars 1860, il lui confia la cure et le doyenné de Meung, tandis qu'il appelait M. Bérard à l'un des canonicats de la cathédrale.

Bien qu'un vicaire sache, par avance, qu'il ne doit pas toujours rester à son poste et qu'un jour viendra où il le devra échanger contre un autre ministère ; cependant, quand le temps arrive de quitter une paroisse où se sont écoulées les plus belles années de sa vie sacerdotale, de briser des liens qui se sont nécessairement formés, il y a dans son cœur un instant de pénible angoisse. M. Lambert l'éprouva, et son cœur, si affectueux, put offrir à Dieu de nombreux sacrifices. De plus, la perspective de son nouveau poste l'effrayait. Ayant toujours aimé obéir et disposé à obéir toute sa vie, il s'inquiétait d'être placé à la tête d'une importante paroisse et à la direc-

de Châteauneuf, le 1er janvier 1818. Quelques mois après on l'appelait tout à la fois au vicariat de Chécy et à la cure de Combleux Le 23 juin 1823, il fut chargé de la cure de Courtenay qu'il échangea le 19 février 1831, contre celle de Meung.

tion d'un doyenné. Mais son Évêque avait parlé ; dans sa parole, il avait entrevu l'ordre de Dieu. Il se rendit donc à sa nouvelle paroisse qu'il trouva en deuil.

En effet, au moment où M. Bérard se disposait à venir à Orléans, il fut surpris par une violente maladie qui l'emporta après quelques jours de souffrance. Sa mort fut une grande douleur pour la paroisse, et une pénible épreuve pour M. Lambert. En effet il avait espéré puiser, auprès de son prédécesseur, les conseils de sa longue expérience.

Abandonné du côté des hommes, il se jeta avec plus de confiance dans les bras de Dieu. Mais, le vicaire si dévoué de Sainte-Croix, ne pouvait manquer de réussir auprès des habitants de Meung. Sa bonté, sa douceur, sa vie sainte et régulière, ne tardèrent pas à lui attirer d'abord l'estime et peu à peu l'affection de ses paroissiens.

S'inspirant de tout ce qu'il avait vu à la cathédrale, et sachant quelle impression produisent sur les fidèles des cérémonies bien exécutées, des offices dignement célébrés, il ne négligea rien pour donner au culte divin, tout l'éclat et toute la splendeur possible. Bientôt les fidèles se rendirent plus nombreux aux offices, et l'église revit avec joie la foule se presser de nouveau dans ses murs. Ajoutons que si la beauté des offices attira les fidèles, la parole de M. Lambert les retint. Un de ses anciens vicaires(1) nous écrivait dernièrement, pour nous dire l'impression profonde causée par le Carême de 1861, que M. Lambert avait tenu à prêcher lui-même, et les fruits de grâce que Dieu avait opérés par ses prédications. Nous même, nous nous souvenons de cette parole d'un habitant de Meung revenu à la pratique de ses devoirs, à la suite du Carême : « Sans M. Lambert, j'étais perdu pour mon éternité. »

Mais à Meung, comme à Sainte-Croix et comme plus tard à Recouvrance, l'Œuvre capitale de M. Lambert fut celle des catéchismes. Il initia ses vicaires à la méthode de Mgr Dupanloup, et bientôt les catéchismes de persévérance, de première communion et des plus jeunes enfants prenaient une vie inconnue jusqu'alors, dans la paroisse de Meung.

En même temps qu'il animait tout de son zèle, de son activité dans sa paroisse, il exerçait sur son doyenné une véritable influence, s'efforçant d'allumer le feu sacré, dans le cœur de ses confrères qui, nous dit une lettre confidentielle, ne pouvaient résister à l'ascen-

(1) M. Mothiron, actuellement Curé-Doyen d'Artenay.

dant que prenait nécessairement sur eux, un doyen dont la vie était celle du séminariste le plus fervent et le plus fidèle à ses devoirs; et semblait la règle vivante du bon prêtre.

S'inspirant encore de la pensée de Mgr Dupanloup qui voulait que nos églises fussent dignes du Dieu qu'on y vient adorer, et qui encouragea si puissamment la réparation ou la reconstruction des églises du diocèse, M. Lambert voulut rendre à son église de Meung, sa primitive splendeur. Il sut intéresser ses paroissiens à cette Œuvre de restauration ; lui-même y contribua personnellement dans de larges proportions, et s'il n'eut pas la consolation de l'achever avant son départ, il eut celle de voir son successeur, M. Foucher, entrer dans ses vues et terminer heureusement le travail qu'il avait commencé. Aujourd'hui, l'église de Meung est une des plus belles églises du diocèse d'Orléans.

M. Lambert se consacrait tout entier à sa paroisse ; il en étudiait les besoins afin d'y pourvoir ; il recherchait quelles œuvres il pourrait y établir pour raviver la foi dans les âmes ; en un mot, il prenait tous les moyens de s'implanter solidement dans son nouveau poste, pour y faire le plus grand bien, lorsque la volonté de son Évêque lui demanda de rompre les liens, qui déjà, l'attachaient si étroitement à Meung et de revenir à Orléans.

M. Clesse, curé de Notre-Dame-de-Recouvrance, venait de succéder dans la cure de Saint-Paterne au bon M. Girard, décédé le 27 août 1864. A son tour, il avait besoin d'un successeur à Notre-Dame-de-Recouvrance. Or, ce successeur, Mgr Dupanloup l'avait trouvé dans la personne de M. Lambert, auquel il demandait son consentement. Homme d'obéissance avant tout, et disposé à se rendre au désir de son Évêque parce qu'il était sûr, en agissant ainsi, d'accomplir la volonté de Dieu, M. Lambert donna sa démission de la cure de Meung. Le 11 décembre 1864, sa nomination à Recouvrance était agréée par le gouvernement, et quelques semaines après, il prenait possession de sa nouvelle paroisse, où il passa les vingt-six dernières années de sa vie.

Il inaugura sa prise de possession par un acte de générosité qu'on nous permettra de rapporter.

La position présentait certaines difficultés. Son prédécesseur, M. Clesse, homme d'initiative, hardi, entreprenant, avait voulu refaire sa parcisse. Il avait transformé son église toute détériorée, et en avait fait une merveille d'architecture ; il avait encore construit l'école des Sœurs. Mais ces travaux, il les avait entrepris en escomptant l'avenir.

Au moment où Mgr Dupanloup lui confia la cure de Saint-Paterne, il lui imposa l'obligation d'en construire l'église. C'était une œuvre immense, dont chacun reconnaissait la nécessité, mais que personne n'avait osé entreprendre à cause des difficultés qu'elle présentait. M. Clesse ne s'effraya pas de ces difficultés. Cependant pour les vaincre, il dut abandonner Notre-Dame-de-Recouvrance, en laissant à son successeur l'obligation d'acquitter les charges qu'il avait assumées, et de terminer la restauration de l'église.

M. Lambert accepta la situation. A force d'ordre, d'économie, d'appel à la charité et de sacrifices personnels, il liquida la situation et assura la complète exécution des plans de M. Clesse. Bien plus, il ajouta à l'église de nouveaux embellissements, compléta la série des tableaux qui ornent les chapelles latérales et fit peindre le chemin de croix. Puis le dimanche 4 avril 1869, dans une cérémonie d'une grande magnificence, il rendait à Dieu de solennelles actions de grâces pour l'heureux achèvement de son église, et célébrait les louanges de son prédécesseur. Il était impossible d'être plus généreux, plus délicat et plus modeste.

Cette conduite lui concilia tout d'abord les cœurs de ses paroissiens qu'il devait gagner chaque jour de plus en plus, car ce qu'il avait été dans les diverses positions où la Providence l'avait appelé, il le fut éminemment à Notre-Dame-de-Recouvrance.

Mûri par l'expérience, dans la plénitude de son talent, il se consacra tout entier à sa nouvelle paroisse qui devint dès lors l'objet constant de ses pensées et de toutes les affections de son cœur.

Son premier soin, en arrivant à Notre-Dame-de-Recouvrance fut d'inspirer le même amour de sa paroisse à ceux qui furent ses collaborateurs. Il savait, par une douce expérience, quel bien se fait, quand tous ceux qui doivent coopérer à une œuvre partagent les mêmes sentiments, unissent leurs volontés dans un même accord et concourent de tous leurs efforts vers le même but.

Aussi une de ses plus grandes joies pendant son séjour à Notre-Dame-de-Recouvrance fut l'union qui régna toujours entre ses vicaires et lui, union qui offrit un des plus rares et des plus touchants exemples que l'on puisse rencontrer, celui d'un curé conservant le même vicaire pendant vingt-trois ans, et celui d'un vicaire, ne pouvant se résoudre à se séparer de son Curé, avec lequel il s'était tellement identifié, qu'il semblait ne faire plus qu'un avec lui, tant il s'étudiait à n'agir que sous ses ordres et sous son inspiration.

Avec de tels auxiliaires, M. Lambert tenta tous les efforts pour produire le bien dans sa paroisse et combattre les obstacles qui, de nos jours, entourent le ministère pastoral de tant de difficultés.

Si nous ne craignions pas de nous répéter, nous rappellerions son dévouement à l'enseignement du catéchisme qu'il regardait toujours comme sa fonction capitale ; nous parlerions de son zèle toujours infatigable pour la prédication qui ne lui permettait pas d'omettre aucune occasion d'annoncer la parole de Dieu ; nous évoquerions ses industries sacerdotales pour raviver la foi et la piété dans les âmes, et restituer au culte du Saint-Sacrement toute sa splendeur afin d'attirer les âmes vers la Sainte Communion ; nous redirions avec quel soin chaque année il procurait à ses enfants de la persévérance une retraite ; et son bonheur quand il put faire donner une Mission dans son église, afin de fournir à ses paroissiens l'occasion soit de se raffermir dans la pratique du bien, soit de revenir à Dieu.

Le détail de chacune de ces œuvres nous entraînerait trop loin ; cependant il nous semble que nous manquerions à notre devoir si nous ne consacrions pas un souvenir spécial à ce mois de prédication que M. Lambert institua en l'honneur de saint Joseph, lorsque sa paroisse, où M. Clessé avait fondé une confrérie de Saint-Joseph, fut choisie par Mgr Dupanloup pour devenir dans Orléans le centre de la dévotion envers ce saint Patriarche. Que de peines et fatigues il s'imposa avec ses vicaires pour donner à la fête de saint Joseph un éclat jusqu'alors inconnu ; pour créer, entretenir ce pèlerinage qui, de nos jours, attire dans le mois de Mars un si grand nombre de pieux fidèles dans l'église de Notre-Dame-de-Recouvrance.

Mais dussions-nous retomber dans des redites, nous rappellerons l'assiduité de M. Lambert au Tribunal de la Pénitence pendant son séjour à Notre-Dame-de-Recouvrance. Les âmes qu'il avait dirigées autrefois revenaient vers lui, et malgré son désir de se consacrer uniquement à sa paroisse, il n'avait pu se refuser à cet appel incessant à ses conseils et à ses lumières. Sans cesse on réclamait ses services, et sans cesse il les accordait de bonne grâce, heureux de travailler pour Dieu en se rendant utile aux âmes, en les éclairant sur leur vocation, en leur montrant la voie du bien et celle de la perfection.

Les Carmélites qui avaient reconnu dans deux panégyriques de leur sainte fondatrice, que leur prêcha M. Lambert, son esprit intérieur, sa science dans les voies surnaturelles, lui demandèrent de reprendre près d'elles les fonctions de confesseur extraordinaire qu'il remplissait déjà durant son vicariat de Sainte-Croix et il se rendit à leur désir. La communauté de l'Immaculée-Conception, qui vint se fixer à Orléans en 1866, réclama de M. Lambert le même service et il le leur accorda. A leur tour, les Religieuses de l'Hôtel-Dieu firent appel à son dévouement, et pendant les vingt années qu'il dirigea leur communauté, elles ne cessèrent de remercier Dieu qui leur avait envoyé un confesseur si éclairé, un père si dévoué, sachant se mettre à leur portée, les aidant et les encourageant à remplir leur ministère de charité auprès des malades.

Ainsi parlaient également les Sœurs de la Providence chargées des écoles de la paroisse de Notre-Dame-de-Recouvrance, et leur Révérende Mère Générale se faisant l'interprète de leurs sentiments disait : « Que nos Sœurs sont heureuses d'avoir un Directeur tel que M. Lambert. »

Cependant il est un côté de la vie de M. Lambert que nous n'avons pas encore étudié, c'est son amour pour les pauvres. Comme il affectionnait les pauvres de sa paroisse ! Ils étaient nombreux et cependant il les connaissait tous. Avec quelle bonté il les accueillait chez lui ! Quels égards il leur témoignait ! De quelle douceur il souhaitait qu'on usât envers eux. « Ma fille, disait-il à sa domestique, ce sont les pauvres du bon Dieu, il faut toujours les bien recevoir. »

En arrivant dans sa paroisse, il avait trouvé établie par son prédécesseur l'Œuvre de la Sainte-Famille ; il la continua avec une persévérance au-dessus de tout éloge. Lui-même nous a raconté au Congrès diocésain de 1875 (1), comment, au moyen de cette réunion, il facilitait à ses pauvres l'assistance à la messe, l'accomplissement du devoir pascal et comment il préparait de loin ses paroissiens à leurs derniers moments.

Mais ce n'était pas assez pour lui de bien

(1) Congrès pour les Œuvres catholiques du diocèse d'Orléans 1875. — 4e Commission, présidence de M. Lambert, rapport sur *l'Œuvre de la Sainte-Famille,* pages 86 et suiv.

recevoir les pauvres qui venaient frapper à la porte du presbytère, de les admettre à l'Œuvre de la Sainte-Famille, il tenait encore à les visiter lui-même. Chaque semaine il allait dans leurs demeures. Les réduits les plus obscurs, les mansardes les plus délabrées, rien ne l'arrêtait. Il pénétrait partout, s'informait des besoins et distribuait des secours. Chaque jour on nous révèle des traits de sa charité ; ils sont d'une rare délicatesse et nous sommes charmés de la générosité de celui qui se privait souvent de toute satisfaction, menait la vie la plus simple et la plus frugale, afin de pouvoir répandre dans le sein du pauvre, des largesses plus abondantes. Que de familles il a secourues ! Que d'infortunes il a soulagées en exigeant le silence le plus absolu !

Craignant, malgré son zèle et son dévouement, de ne pouvoir subvenir à tous les besoins de ses chers pauvres, et voulant leur assurer tous les secours que la charité la plus intelligente et la plus prévoyante peut leur prodiguer, il institua, en 1875, l'Œuvre des Dames Patronnesses.

Depuis lors cette Œuvre n'a pas cessé de fonctionner. S'inspirant des pensées de leur vénérable curé, les Dames patronnesses se partagent les familles indigentes de la paroisse, et les pauvres qu'elles visitent régulièrement à domicile, en bénissant leurs protectrices, bénissent aussi celui qui eut la pensée de leur envoyer de tels anges consolateurs.

Il manquait à une telle vie de foi, de piété, de religion, de témoigner par un acte positif son attachement au siège de Pierre, et à l'infaillibilité du Vicaire de Jésus-Christ sur la terre. Ce fut le but que M. Lambert se proposa en allant à Rome en 1875. Il lui semblait que sa foi s'affermirait et que son amour pour l'Église ne ferait que s'accroître, en visitant les sanctuaires de la Ville Éternelle, en descendant dans les catacombes, en vénérant les reliques des saints martyrs. Il revint de son pèlerinage embaumé par tous ces souvenirs de la primitive Église, et ravi d'avoir pu assister à trois audiences du Souverain-Pontife et d'avoir reçu trois fois la bénédiction de Pie IX.

Ces joies furent si grandes qu'elles éveillèrent en lui le désir de renouveler ce pieux voyage. Il se proposait cette année même de retourner à Rome. Déjà il avait demandé à l'un de ses collègues et amis de l'accompagner dans ce second pèlerinage. Mais Dieu avait marqué le terme de sa course, et le seul voyage réservé à M. Lambert était le passage de la vie présente à la vie éternelle.

Sa santé avait toujours été frêle. Mais dur à lui-même, il ne s'arrêtait jamais, et continuait, malgré la souffrance, les travaux de son ministère. Cependant vers la fin de 1883, il fit une maladie qui inspira les plus vives inquiétudes. Pendant plus de deux mois, il dut s'abstenir de la sainte Messe. Quand la santé lui fut rendue, il sentit ses forces tellement diminuées qu'il réclama le secours d'un second vicaire pour le suppléer et venir en aide à M. Agnès, qui, malgré tout son zèle et tout son dévouement, ne pouvait plus suffire à l'administration de la paroisse. Malgré ce secours d'un nouveau collaborateur qui rendait son ministère plus facile, jamais il ne consentit à prendre un repos absolu. « Le prêtre, disait-il, doit être toujours sur la brèche », et de fait il travailla jusqu'à la dernière heure.

Le jeudi 8 janvier de cette année, après une froide matinée passée au confessionnal, il était allé, suivant sa pieuse habitude, s'agenouiller devant l'autel de la Sainte-Vierge avant de quitter l'église. Tout à coup, il fut saisi par une congestion et tomba sans connaissance. Deux employés de l'église s'en aperçurent et le ramenèrent aussitôt au presbytère. Ce ne fut qu'une première alerte. M. Lambert s'en remit après quelques semaines.

La peine la plus sensible qu'il en éprouva fut de ne pouvoir assister à sa fête patronale où, cette année, l'on inaugurait le nouvel office concédé par Notre Très Saint Père le Pape Léon XIII sur ses instantes prières (1).

A peine entré en convalescence, M. Lambert reprenait son ministère. Mais ses forces étaient épuisées. Le samedi 7 février, il confessa toute la journée ; et le dimanche 8, jour des Quarante-Heures, il assistait aux offices du matin, et

---

(1) Depuis le retour du diocèse d'Orléans à la Liturgie Romaine, l'église de Notre-Dame-de-Recouvrance ne possédait plus d'office particulier, ni de messe spéciale pour sa fête patronale, car cette fête n'était ni au bréviaire, ni au missel romains. M. Lambert ayant trouvé un office en l'honneur du Recouvrement de Jésus au temple, dans le propre du bréviaire Dominicain, sollicita la faveur pour lui et ses vicaires, de réciter cet office et de le faire chanter solennellement avec la messe correspondante, dans son église, le jour de la fête patronale qui se célèbre le dimanche après la solennité de l'Epiphanie. Dans un voyage à Rome, où nous accompagnions Mgr Coullié, Sa Grandeur nous délégua auprès de Son Eminence le Cardinal Aloisi Masella, Préfet de la Sacrée Congrégation des Rites, pour traiter cette affaire, le 2 février 1890. Nous eûmes la joie de réussir dans cette négociation, car Son Eminence le Cardinal Aloisi, remettait elle-même à Mgr d'Orléans, le 6 février 1890, le rescrit qui autorisait la messe et l'office de la fête de Notre-Dame-de-Recouvrance.

présidait, à une heure, l'Adoration du Très Saint Sacrement que venait faire le Catéchisme de persévérance. Tout à coup il s'évanouit, et tombe. Le médecin appelé en toute hâte ne peut dissimuler ses inquiétudes et la gravité de l'état du malade.

Néanmoins ce ne fut encore qu'un avertissement, mais si sérieux que dès le moment où il put écrire, M. Lambert adressa à Monseigneur Coullié la lettre la plus touchante et la plus humble pour donner sa démission. « Elle devient nécessaire, disait-il, je n'ai plus la force de remplir mon ministère, et je craindrais en restant plus longtemps à mon poste de nuire aux âmes en ne leur donnant plus ce qu'elles sont en droit d'attendre. »

Présentée dans ces termes, sa démission fut acceptée, et en échange, Monseigneur offrit à M. Lambert un canonicat de la Cathédrale pour honorer sa retraite. En recevant cette nomination le vénérable curé se prit à pleurer, c'était le coup de la séparation ; il ne pouvait se faire à l'idée de quitter sa chère paroisse de Notre-Dame-de-Recouvrance qu'il avait tant aimée et où il espérait finir ses jours.

Cependant, soumis à la volonté de Dieu, il se consolait à la pensée qu'il pourrait désormais mener une vie de prière, et dans l'intervalle des offices, rendre encore quelque service pour le ministère des âmes.

Nous l'espérions nous-même. Mais Dieu en avait décidé autrement, et dans sa sagesse, il avait marqué à Notre-Dame-de-Recouvrance le terme de la carrière de M. Lambert.

Le samedi 25 avril, au milieu de la matinée, notre vénérable Curé se trouva plus fatigué et prit le lit. Ceux qui l'approchaient, se demandaient quelle était cette nouvelle crise, sans s'effrayer cependant et avec la pensée que le malade la surmonterait comme il avait surmonté les deux précédentes. Mais lui comprit que c'en était fait et que son heure dernière était proche.

Comme nous le visitions le lundi 27, il s'entretint avec nous de sa mort prochaine. « Que le bon Dieu est bon, nous disait-il, de m'appeler maintenant. Jamais peut-être je ne serai mieux préparé. Depuis quatre mois je n'ai pas passé un seul jour sans faire ma préparation à la mort. »

Pendant les quatre jours que dura sa maladie, il conserva toute sa présence d'esprit. Malgré les douleurs qu'il éprouvait, jamais il ne fit entendre la moindre plainte, se rappelant cette parole du Psalmiste : *Obmutui et non aperui os meum, quoniam tu fecisti* (1). Il exhortait les siens à la patience, à la résignation s'efforçant de sourire jusque dans les bras de la mort.

Le mercredi matin, prévenu par le docteur que l'état s'aggravait, le confesseur de M. Lambert proposa à son cher malade les derniers sacrements. Cette proposition fut accueillie avec bonheur. « Je suis prêt, répondit-il, donnez-moi une dernière absolution, » et quelques instants après il recevait la dernière visite de son Dieu dans les sentiments de la plus touchante édification et en renouvelant de grand cœur le sacrifice de sa vie.

Un dernier trait achèvera de peindre M. Lambert et de montrer sa fidélité à tous ses exercices de piété. Deux heures à peine avant sa mort, il appelle la religieuse qui le gardait. « Ma sœur, lui dit-il, il est neuf heures du soir et nous n'avons pas encore fait la prière. » Puis prenant son crucifix entre ses mains, il répétait à voix basse la prière que la religieuse récitait à haute voix.

Il continua de prier jusqu'à onze heures. Quelques mouvements de son corps annon-

---

(1) J'ai gardé le silence, et n'ai point ouvert ma bouche car c'est vous qui (m'envoyez la maladie.) (Ps. xxxviii. 13.)

cèrent sa fin prochaine, et ce fut la prière sur les lèvres qu'il rendit son âme à Dieu.

Le jeudi matin en apprenant que leur Curé était mort, tous les paroissiens de Notre-Dame-de-Recouvrance furent dans le deuil et la tristesse. Pendant les deux jours que le corps du vénéré défunt demeura exposé, chacun d'eux voulut revoir une dernière fois les traits du Pasteur qui les avait tant aimés, prier près de lui ou plutôt se recommander à ses prières. On lui faisait toucher des médailles, des chapelets, des objets de piété.

Le samedi 2 mai, Mgr Coullié qui, depuis son arrivée dans notre diocèse, appréciait et aimait M. Lambert; qui l'avait visité et béni plusieurs fois durant sa maladie, présidait lui-même son service funèbre, entouré de ses vicaires généraux, d'un nombreux clergé, et d'une multitude de fidèles qui avaient tous tenu à honneur de rendre les derniers hommages à leur vénérable Curé.

Après l'absoute, faite par Monseigneur, le corps de M. Lambert fut transporté par les soins de sa famille, au cimetière de Jargeau. C'est là qu'il repose au milieu des siens, en attendant l'heure de sa résurrection.

Mais son âme, nous en avons la douce con-

— 46 —

fiance, associée aux chœurs des Anges, jouit maintenant de la récompense promise au bon et fidèle serviteur. *Euge serve bone et fidelis.... intra in gaudium Domini tui* (1).

(1) Courage, bon et fidèle serviteur, entrez dans la joie de votre Seigneur. (Math. xxv. 21).

~~~~~~~~

Orléans. — Imp. Paul Girardot

www.ingramcontent.com/pod-product-compliance
Lightning Source LLC
Chambersburg PA
CBHW060939050426
42453CB00009B/1090